JULES ADENIS

JUGE & PARTIE

OPÉRA COMIQUE EN DEUX ACTES

D'APRÈS MONTFLEURY

POÈME COMMANDÉ

POUR LE CONCOURS INSTITUÉ

PAR M. ANATOLE CRESSENT

PARIS

TYPOGRAPHIE MORRIS PÈRE ET FILS

64, RUE AMELOT, 64

1885

JUGE ET PARTIE

JULES ADENIS

JUGE & PARTIE

OPÉRA COMIQUE EN DEUX ACTES

D'APRÈS MONTFLEURY

POÈME COMMANDÉ

POUR LE CONCOURS INSTITUÉ

PAR M. ANATOLE CRESSENT

PARIS
TYPOGRAPHIE MORRIS PÈRE ET FILS
64, RUE AMELOT, 64

1885

PERSONNAGES

BERNADILLE. . . . .

OTTAVIO, *jeune officier*. . . . . . .

JULIA, *femme de Bernadille* . . . . .

INÈS ALVARÉDA. . . . .

FRASQUITA, *servante de Bernadille.*

LA SCÈNE A CORDOUE.

NOTA. — *La partie chantée est imprimée en italique.*

JUGE & PARTIE

ACTE PREMIER

(Une place; à droite, au premier plan, la maison d'Inès avec entrée donnant sur la place. Un balcon praticable, à la hauteur d'un petit entresol, entoure la maison. Sa plus grande longueur est sur la façade, mais il se prolonge, en retour, sur le mur de la maison qui fait face au public. Un banc de pierre est adossé contre le mur de la maison, sous cette partie du balcon, et à l'endroit où il se termine. De l'autre côté de la place, à gauche et au deuxième plan, l'entrée de la maison de Bernadille. Rues latérales.)

SCÈNE PREMIÈRE

BERNADILLE, INÈS, OTTAVIO.

INTRODUCTION

SÉRÉNADE A DEUX VOIX ET TRIO.

(Bernadille, une mandoline à la main, est sur la place, devant le balcon d'Inès. Il lui donne une sérénade. Celle-ci, accoudée sur son balcon à l'angle formé par le retour, écoute la sérénade. Ottavio chante également en l'honneur de la Señorita. Il est debout près du banc de pierre, de façon à être vu par Inès, mais pas par Bernadille.)

ENSEMBLE.

BERNADILLE et OTTAVIO.

A vos pieds, belle Señora,
Dès l'aube, j'apporte l'hommage
D'un cœur rempli de votre image
Et que votre grâce enivra !

Mais tout le charme que je vois
En vous, ô beauté que j'implore,
Mon cœur le sent bien mieux encore
Que ne peut l'exprimer ma voix !

A votre tour, daignez vous-même
Me dire, avec vos yeux si doux,
Beauté que j'aime !...
Que je suis seul aimé de vous ?

INÈS (au balcon, les yeux tournés vers Bernadille).

Permettez, cher Señor, que je vous remercie
D'abord, de la galanterie.
Ma beauté n'a pas droit à si doux compliments.
(Baissant les yeux et les tournant sur Ottavio.)
Mais mon cœur distingue aisément
La voix qu'il aime ! Ainsi que vous dirai-je encore ?
L'aveu que votre bouche implore
Ne vous l'ai-je pas, cher seigneur,
Déjà fait entendre ?...

BERNADILLE et OTTAVIO.

ENSEMBLE.

O bonheur !

INÈS (avec feu).

Oui, j'ai donné toute mon âme,
En dépit d'un sort rigoureux.
Celui dont je serai la femme
(Regardant furtivement Ottavio.)
Il est, en cet instant, près de moi, sous mes yeux !

BERNADILLE et OTTAVIO (avec joie).

ENSEMBLE.

C'est à moi qu'appartient son âme
En dépit d'un sort rigoureux.
Que cet amour me rend heureux
Inès, bientôt, sera ma femme...
Car, en ce doux instant, je suis seul sous ses yeux !

INÈS (se penchant, et bas à Ottavio).

Partez ! on peut vous surprendre,
Partez, ne répondez pas !

BERNADILLE (joyeux, élevant sa mandoline)

Ah ! son cœur m'a su comprendre.
Le bonheur vole sur mes pas !

REPRISE ENSEMBLE.

INÈS.

Oui, j'ai donné toute mon âme.
En dépit d'un sort rigoureux.
Celui dont je serai la femme
Il est, en cet instant, près de moi, sous mes yeux !

BERNADILLE et OTTAVIO.

C'est à moi qu'appartient son âme
En dépit d'un sort rigoureux
Que cet amour me rend heureux !
Car, en ce doux instant, je suis seul sous ses yeux.

(Ottavio monte sur le banc de pierre, placé à l'angle du balcon et Inès lui donne furtivement sa main gauche à baiser pendant que de la main droite elle envoie un salut amical à Bernadille — Ottavio sort par la droite, premier plan. Ines rentre chez elle.

SCÈNE II

BERNADILLE (seul, joyeux).

Ma galanterie a été admirablement reçue! Décidément, c'est une bonne idée que j'ai là de me remarier... Surtout avec cette jeune Séñora : Doña Inès Alvaréda, la plus charmante personne de Cordoue! Sa vertu est irréprochable..... elle a du bien..... elle m'adore! Rien à craindre avec celle-là. Il n'en sera pas comme avec ma première femme! Une perfide que j'aimais et qui m'a indignement trahi! (Mystérieusement.) Dans ces..... sortes d'affaires, il y a des gens qui font du scandale, qui jettent les hauts-cris, qui traînent la coupable chez le juge, ou bien qui risquent leur existence pour venger leur honneur? Enfin qui se rendent, à plaisir, la fable de la ville..... Allons donc! Ce ne sont pas là, des façons qui conviennent à un Bernadille, à un héritier de la fierté Castillane!

COUPLETS.

I

Quand d'un pareil accident
On est victime... je pense
Qu'il faut d'un profond silence
Entourer l'événement.
Volontiers le monde en cause
Et, dans cette occasion,
Tout en lui donnant raison,
C'est sur le mari qu'on glose!...

Que l'aventure sommeille !
Pas de procès, pas de cris!
Voilà ce que je conseille
A mes frères... les maris.

II

On dissimule avec art
Sa vengeance... on la rumine ;
Et, sans bruit, elle chemine
Pour éclater, tôt ou tard !
On cajole sa victime.
Puis, par un détour charmant,
Sans témoin, et lentement,
On la pousse dans l'abîme !

Que l'aventure sommeille !
Pas de procès, pas de cris!
Voilà ce que je conseille
A mes frères... les maris.

(A demi-voix.) Exemple : par une belle matinée d'automne, à Cadix, vous proposez une jolie excursion en mer? On accepte. Le flot vous berce..... mais la nuit succède au jour, et profitant du sommeil de la coupable, vous la déposez gentiment dans une île déserte!... Vous revenez seul, et vous dites à tout le monde que par une affreuse tempête.... (Avec effroi.) Hein! qui vient là?

SCÈNE III

FRASQUITA (sortant de la maison un bouquet à la main).
BERNADILLE

BERNADILLE (se remettant.)

Ah! c'est toi, Frasquita?

FRASQUITA.

Oui, Séñor; voici un bouquet qu'on vient d'apporter pour vous.

BERNADILLE.

Donne. C'est pour Inès, ma fiancée. Je vais le lui porter.

FRASQUITA.

Votre fiancée? Ainsi, seigneur Bernadille, vous êtes bien décidé à vous remarier?

BERNADILLE.

Mais certainement.

FRASQUITA.

Et vous avez la conscience tranquille? Eh! bien, pas moi, Séñor. Si Doña Julia vivait encore?

BERNADILLE.

Ma femme? Ma première femme? Ne parlons pas de ça!

FRASQUITA (continuant).

Si elle allait revenir..... un jour ou l'autre?

BERNADILLE (ricanant).

Ah! ah! revenir? Elle? Frasquita, connais-tu la mer? L'Océan grandiose, avec ses orages, ses vagues furieuses!..... Ta pauvre maîtresse, hélas!...

FRASQUITA.

Oui. Vous étiez partis ensemble. Vous êtes revenu seul, et vous avez dit à tout le monde.....

BERNADILLE.

Que l'infortunée Julia avait misérablement péri dans les flots!

FRASQUITA.

Vous l'aimiez, cependant, car, Dieu merci, vous lui rendiez la vie assez dure avec votre infernale jalousie.

BERNADILLE (avec dignité).

Frasquita!... un Espagnol qui ne serait pas jaloux ne serait pas un Espagnol.

FRASQUITA (avec force).

Et vous n'avez pas tout entrepris, tout tenté pour la sauver ou périr avec elle?

BERNADILLE (tranquillement).

Non! (se reprenant.) C'est-à-dire : Si! Mais pourquoi me rappeler ce pénible souvenir? Je vois encore cette affreuse tempête..... j'entends encore ce craquement terrible! L'avant du navire se brise..... Et Julia est emportée par les flots! Trois braves matelots s'élancent..... mais, au moment où ils croient la saisir, elle disparaît, et ils disparaissent avec elle. C'en était trop...

j'avais perdu le sentiment! Quand je revins à moi, la tempête s'était apaisée, nous étions sauvés! Mais, hélas! ta pauvre maîtresse..... (du ton le plus calme.) Tu vois, Frasquita, que je puis être bien tranquille et me remarier sans le moindre inconvénient.

FRASQUITA (insistant).

Pourtant, Séñor....

BERNADILLE (l'interrompant).

Ah! assez! Je vais porter mon bouquet. Bonjour!

(Il sort, et entre dans la maison d'Inès).

SCÈNE IV

FRASQUITA (seule), puis JULIA

FRASQUITA

C'est égal, le séñor Bernadille s'est vite consolé. Deux ans de veuvage, à peine! Ah! tous les hommes sont des ingrats! J'en sais quelque chose, moi.

(Une femme voilée, entre et s'approche doucement de Frasquita. C'est Julia).

JULIA (à demi-voix).

Frasquita?

FRASQUITA (troublée).

Hein!..... Cette voix?...

JULIA (levant son voile).

Me reconnais-tu?

FRASQUITA (avec un cri).

Ah! Doña Julia!

JULIA

Chut!... plus bas! Mais qu'as-tu donc? On dirait que tu as peur? Ne crains rien, tu n'as pas affaire à une ombre et quoique mes traits soient un peu changés, je t'assure que c'est moi, que c'est bien moi!

FRASQUITA (lui prenant les mains).

Ah! ma chère maîtresse, quelle joie de vous revoir!

DUO

FRASQUITA.

Par quel heureux bienfait de votre destinée
Êtes-vous échappée aux flots?

JULIA (étonnée).

Quels flots?

FRASQUITA.

Les flots qui vous ont entraînée,
Avec vos trois sauveurs, les braves matelots.

JULIA (de même).

Quels matelots? Que veux-tu dire?

FRASQUITA.

On m'avait assuré que vous aviez péri
Par un orage affreux qui brisa le navire.

JULIA.

Qui t'a conté cela?

FRASQUITA.

Mon maître.

JULIA.

Mon mari?
Tu vas savoir sa perfidie
Et tu verras, sous son vrai jour,
La trame qu'il avait ourdie
Pour mieux me perdre, sans retour!
Il ne s'est pas vanté, si j'en crois cette fable,
De certain tour de sa façon?

FRASQUITA.

Quel tour?

JULIA.

Le tour, à grand peine croyable
Qu'il m'a joué pourtant : son cruel abandon!

FRASQUITA.

Quel abandon? Que faut il croire?

JULIA.

Promets-moi le silence?

FRASQUITA.

Oh! je vous le promets!

JULIA.

Eh! bien, apprends alors l'action la plus noire
Qu'un homme ait commise jamais!

RONDEAU.

Bernadille me dit, un jour,
Le sourire aux lèvres : m'amie,
A Cadix, auriez-vous envie
Avec moi d'aller faire un tour?

Tout heureuse de ce voyage,
« Ah ! dis-je, ce serait charmant ! »
« Eh bien, » répond-il galamment,
« A vos ordres, plions bagage. »

Nous partons. Le vaisseau fendait
Les flots calmes d'une mer bleue...
Ah ! comme on fait vite une lieue...
Le jour à la nuit succédait.

Or, un matin, je me réveille...
Juge de mon étonnement,
Je ne sens plus le bercement
Du tangage, comme la veille.

Je regarde : plus de mari !
Je vois le navire qui file
Et j'étais seule, dans une île...
Je me lève en jetant un cri !

Mon époux, sans cérémonie
De loin se tourne, et je crois voir
Qu'il me souhaite le bonsoir
En riant avec ironie !

Il m'avait, dans ce désert-là
Fait déposer avant l'aurore,
Et j'y serais sans doute encore
Sans un navire qui passa.

Oui, c'est ainsi que Bernadille
S'est souvenu de nos amours...
Et voilà comme on peut, toujours,
Se défaire de sa famille.

FRASQUITA.

Oser traiter ainsi sa femme légitime.
Que vous reprochait-il ? Quel était votre crime ?
De vous il semblait fort épris ?

JULIA.

Grâce à ma nouvelle influence,
J'éclaircirai bientôt ce mystère, je pense.

FRASQUITA.

Il faut l'éclaircir à tout prix !

ENSEMBLE.

JULIA.

Tu vois quelle est sa perfidie !
Mais je saurai mettre au grand jour,
La trame qu'il avait ourdie,
Pour me perdre, ainsi, sans retour !

FRASQUITA.

Ah ! quelle indigne perfidie !
Mais vous saurez mettre au grand jour,
La trame qu'il avait ourdie,
Pour vous perdre ainsi, sans retour !

JULIA.

La tâche me sera d'autant plus facile, que je puis compter maintenant sur la haute protection des deux premiers personnages du royaume : l'Infant et l'Infante d'Espagne.

FRASQUITA (joignant les mains).

Quoi! vraiment, Señora?...

JULIA.

Tous deux étaient à bord du navire qui m'a recueillie. Ils m'ont interrogée, et l'Infante, après m'avoir témoigné le plus touchant intérêt, a daigné me prendre en amitié. A toute heure, j'ai mes entrées chez elle.

FRASQUITA.

Et que comptez-vous faire?

JULIA.

Ne plus perdre de vue mon indigne mari : le suivre pas à pas, contrecarrer tous ses projets ; enfin, et surtout, arriver à connaître le motif de son abandon. Tu es toujours à son service?

FRASQUITA.

Toujours, et vous revenez à propos, car il parle de se remarier.

JULIA (gaiement).

Se remarier, vraiment! Et avec qui?

FRASQUITA.

Avec la señorita Inès Alvareda... qui demeure ici, tenez. (Elle montre le balcon.)

JULIA.

Et... l'aime-t-elle?

FRASQUITA.

Non. Je crois qu'elle en aime un autre, qui n'a pas

de fortune. C'est son père qui veut lui faire épouser votre mari parce qu'il a du bien.

JULIA.

En tout cas, tu avais raison, j'arrive à propos, et il est temps de me montrer.

FRASQUITA.

Mais il va vous reconnaître?

JULIA.

J'ai prévu le cas, et mes précautions sont prises.

FRASQUITA (étonnée).

Comment?

JULIA.

Tu te souviens de mon jeune cousin, Fabio, avec qui j'ai été élevée, et qui me ressemblait assez pour que souvent on nous prît l'un pour l'autre.

FRASQUITA.

Oui. Eh bien?

JULIA.

Fabio est un jeune homme, maintenant. Il vient d'être reçu licencié à Salamanque. Je vais me présenter ici sous son costume, son titre et son nom. Je puis compter sur toi?

FRASQUITA.

Oh! ma chère maîtresse, je vous servirai avec joie. J'ai aussi à me plaindre des hommes, moi!

JULIA.

Préviens mon mari de l'arrivée de son cousin Fabio, et je vais revenir dans un instant. A bientôt, Frasquita. (Elle sort par le fond.)

SCÈNE V

FRASQUITA, puis BERNADILLE, INÈS et OTTAVIO (sortant de la maison d'Inès).

FRASQUITA (seule).

Niez donc les pressentiments? Moi qui, tout à l'heure, parlait justement à mon maître de la señora Julia, sa femme. Ah! le voilà qui sort de la maison de sa fiancée! (Riant.) Sa fiancée! Ah! ah! (Elle étouffe une envie de rire).

BERNADILLE (à Inès).

Comment, Señorita, vous refusez ma proposition? Je vous assure qu'une petite collation, sous une tonnelle, au bord du Guadalquivir, vous ferait grand bien.

INÈS.

Merci, seigneur Bernadille, je suis un peu lasse, et préfère ne pas m'éloigner.

BERNADILLE.

Comme il vous plaira, chère Inès.

INÈS (à Bernadille).

Je suis confuse, en vérité, des mille soins que vous

prenez pour me plaire. Ce matin, c'était une aubade, ensuite un bouquet, maintenant vous m'offrez la collation...

OTTAVIO.

Il n'y a rien là qui doive vous surprendre, Señorita.

FRASQUITA (qui s'est approchée, à Bernadille, à demi-voix).

Maître !

OTTAVIO (à Inès).

Le seigneur Bernadille a trop d'esprit pour ne pas savoir que les plus riches cadeaux ne coûtent rien quand ils sont agréables à celle qui les reçoit.

BERNADILLE (enchanté).

Il est charmant, ce garçon-là !

INÈS.

Je ne suis pas tout à fait de votre opinion.

CAVATINE.

Tendrement,
Un amant,
Qui soupire
S'imagine, et grâce à ses présents,
S'assurer à jamais son empire
Sur des cœurs devenus complaisants.
Puisque, de tout temps, on assure
Que l'art est fait pour la beauté,
Une femme aime la parure
Qui vient flatter sa vanité ..

Mais quand son cœur est bien épris
Un regard de celui qu'elle aime,
A pour elle encor plus de prix.
Car l'amour est le bien suprême!

BERNADILLE (flatté et prenant l'aveu pour lui).

Ah! quelle délicatesse! quel désintéressement!

FRASQUITA (même jeu).

Mon maître?

BERNADILLE (se retournant).

Hein? Qu'est-ce encore?

FRASQUITA (à Bernadille, pendant qu'Ottavio parle bas à Inès).

Votre cousin Fabio est arrivé.

BERNADILLE.

Quel cousin?

FRASQUITA.

Le jeune Fabio, le cousin de votre femme, qui lui ressemblait tant, vous savez?

BERNADILLE.

A qui?

FRASQUITA.

A votre femme.

BERNADILLE (avec colère).

Ne parlons pas de ma femme! Tu sais bien que ce souvenir-là m'est pénible!

FRASQUITA.

Justement! J'ai pensé que la vue d'une personne

qui lui ressemble pourrait vous être plus pénible encore, et j'ai tenu à vous prévenir.

BERNADILLE.

Il va donc venir ici ?

FRASQUITA.

Il va revenir. Eh ! tenez, le voici !

BERNADILLE (à part)

Au diable !

SCÈNE VI

LES MÊMES, JULIA (sous le costume et le nom de Fabio)

QUINTETTE

JULIA (courant à Bernadille).

Bernadille, mon cher cousin,
A Cordoue étant de passage,
En bon parent, en bon voisin,
Souffrez que je vous rende hommage.

BERNADILLE (troublé).

Enchanté, mon cousin, soyez le bien-venu !

(A Frasquita.)

Bien qu'à l'instant tu m'eusses prévenu,
J'en tremble encor... car, sur mon âme...
C'est tout le portrait de ma femme !!

FRASQUITA.

Pas tout à fait.

BERNADILLE (ému).

Si, tout à fait!

FRASQUITA.

Le visage est plus mâle...

BERNADILLE (la regarde à la dérobée pendant qu'elle salue).

Oui, peut-être... en effet.

(A Fabio).

A mes amis, mon cher cousin,
A ma future, si charmante,
En bon parent, en bon voisin
Permettez que je vous présente.

(A Inès).

Chère Inès ?

INÈS.

Cher seigneur ?

BERNADILLE (présentant Julia qu'il prend par la main).

C'est Fabio, mon cousin,
C'est mon cousin de Salamanque.
Il était d'abord écolier.

JULIA (saluant).

J'étais d'abord un écolier.

BERNADILLE.

Il est devenu bachelier.

JULIA (de même).

Je suis devenu bachelier.

BERNADILLE.

Enfin pour que rien ne lui manque
Il est — c'est l'ordre régulier —
Licencié de Salamanque.
Rien ne lui manque!

TOUS.

Il était d'abord écolier.
Il est devenu bachelier.
Licencié, c'est régulier!
Rien ne lui manque:
Salut! à l'érudit cousin de Salamanque!
(Salutations et révérences).

JULIA (à Bernadille).

Mes compliments, séñor, car votre fiancée
Est tout à fait charmante! Elle a
Des yeux dont la douceur enchaîne la pensée.
(S'inclinant).
Permettez, Séñora.. ..
(Elle lui baise la main. Mouvement de colère d'Ottavio).
(Julia surprenant le mouvement et le désignant du regard, aparte).
L'autre ?... C'est celui-là!
(S'adressant à Inès).

MADRIGAL:

Heureux celui qui vainqueur
D'un tel cœur.
L'éclaire!
Heureux celui, Séñora
Qui saura
Vous plaire.

Vraiment, de si divins appas
Le ciel est trop avare!
Le cousin ne mérite pas
Un bonheur aussi rare!
(avec force).
Non! il ne le mérite pas!

INÈS (riant et minaudant).

Grâce, Señor.

BERNADILLE (vexé, à part).

Sur ma parole,
Je me serais fort bien passé du compliment!

OCTAVIO (à part, regardant Julia).

Ce jeune échappé de l'école
Serait-il encore un amant?

ENSEMBLE.

INÈS et OTTAVIO (à part).

Il va vraiment un peu loin,
Et de retenue il manque:
Ah! nous n'avons pas besoin
Du cousin de Salamanque!

BERNADILLE (avec humeur, à part).

Je trouve qu'il va trop loin,
Que de retenue il manque;
Vraiment, j'avais bien besoin
Du cousin de Salamanque!

FRASQUITA (à part).

Elle s'en irait très loin...
Je doute qu'elle leur manque ;
Nul ici n'avait besoin
Du cousin de Salamanque !

JULIA (riant à part).

Si je m'en allais très loin
Je doute que je leur manque ;
Nul ici n'avait besoin
Du cousin de Salamanque !

INÈS (à Bernadille).

Après une longue séparation, nous comprenons le désir que vous avez de causer avec votre cher cousin. Vous devez avoir bien des choses à vous dire, et nous vous laissons ensemble.

BERNADILLE (protestant).

Permettez, chère Inès, au contraire, je...

INÈS (sans l'écouter, à Ottavio.)

Ottavio, votre main ?

OTTAVIO (avec empressement).

A vos ordres, Séñorita.

(Ils sortent par le fond. Frasquita rentre dans la maison de Bernadille).

SCÈNE VII

JULIA, BERNADILLE

JULIA (à part).

A nous deux, maintenant. (Haut.) Enfin, mon cher cousin, nous sommes seuls, et nous pouvons parler à cœur ouvert. Mais, d'abord, permettez-moi de vous faire mon compliment de condoléance.

BERNADILLE (sans comprendre).

De condoléance?

JULIA.

Eh! sans doute. Comme tout le monde, j'ai appris le triste accident.... ma pauvre cousine.... Ah! (Soupir.)

BERNADILLE (comprenant et jouant l'émotion).

Ah! oui.... hélas!

JULIA (même jeu).

Cruelle séparation!

BERNADILLE (même jeu).

Séparation cruelle!

JULIA.

Et même, s'il faut vous l'avouer, mon premier mouvement à la nouvelle de votre mariage, était de vous adresser des reproches. Ce n'est peut-être pas à moi qu'il convient de le dire, mais ma cousine était une femme charmante! Ne l'avez-vous pas oubliée un peu trop vite?

BERNADILLE (avec colère).

Et qui vous dit, monsieur le licencié, que je n'avais pas mes raisons pour l'oublier le plus vite possible?

JULIA (avec joie).

Ah! vous aviez vos raisons? (S'oubliant et à elle-même.) Enfin, nous y voici!

BERNADILLE (qui a entendu).

Comment nous y voici?

JULIA.

Et ces raisons, c'est.....

BERNADILLE.

Ces raisons, je les garde pour moi, si vous voulez bien le permettre.

JULIA (déçue).

Ah! c'est différent.

BERNADILLE.

Tenez, mon cousin, croyez-moi, parlons d'autre chose. C'est un procès qui vous amène dans notre ville?

JULIA.

Un procès, oui, ou quelque chose d'approchant. Un mauvais débiteur qui veut me faire banqueroute, qui, au lieu de tenir son engagement, veut en contracter un autre.

BERNADILLE (riant).

Quelque mauvais drôle que vous allez poursuivre sans trêve ni merci?

JULIA.

Et à qui, j'espère bien faire payer les frais, et les dépens.

BERNADILLE.

En toute autre circonstance, mon cher cousin, j'aurais été heureux de vous recevoir chez moi, mais je vous avoue qu'au moment de me remarier...

JULIA.

Eh! qu'importe! Croyez-vous donc que je vous garde rancune?

BERNADILLE.

Non sans doute, mais au moment de me rema.....

JULIA (l'interrompant).

Soyez sûr que personne n'attend avec plus d'impatience que moi l'heureux moment où votre femme sera dans vos bras.

BERNADILLE.

Mais qu'est-ce que cela peut vous faire?

DUETTO.

JULIA (riant).

Je vous aime, et j'entends, Seigneur,
Avec vous partager mon cœur.

BERNADILLE (raillant).

C'est trop d'honneur!

JULIA.

C'est mon humeur.

BERNADILLE.

Grand merci! votre serviteur!

JULIA.

Je veux que nous ayons, ensemble,
Tout en commun !

BERNADILLE.

Mais il me semble...

JULIA.

Je veux que nous ne fassions qu'un !

BERNADILLE (se montant).

Vous n'entendez pas, je suppose.
Loger avec moi?

JULIA.

Si, vraiment!

BERNADILLE.

Et ma femme aussi?

JULIA.

Justement.

BERNADILLE.

Elle, — et vous?

JULIA (riant).

C'est la même chose.
Je vous aime, et j'entends, Seigneur,
Avec vous, partager mon cœur?

BERNADILLE.

Grand merci ! Votre serviteur !

ENSEMBLE.

BERNADILLE (avec colère).

Et ! tout doux, mon jeune maître,
Je vous engage à penser.
Que j'ai plus d'une fenêtre,
Par où vous pourriez passer.

JULIA (riant).

Par la porte ou la fenêtre,
Chez vous j'entends me placer.
De petits soins, de bien-être,
Je ne puis pas me passer.

BERNADILLE (raillant).

Ma table pour vous sera mise ?

JULIA (affirmativement).

J'entends partager vos repas.

BERNADILLE.

Ma maison vous sera soumise ?

JULIA (de même).

J'entends mettre vos gens au pas.

BERNADILLE.

Et vous puiserez dans ma bourse ?

JULIA.

Ce qu'il faut pour mon entretien.

BERNADILLE.

Et si je manque de ressource ?

JULIA.

Moi, je ne manquerai de rien !
J'aurai de tout un soin extrême...

BERNADILLE.

Ma femme aura part à ce soin ?

JULIA.

Je l'aimerai comme moi-même...

BERNADILLE.

Vous prendrez ma place... au besoin ?

JULIA.

Jamais, jamais en votre absence.

BERNADILLE.

Alors, quand je serai présent ?

JULIA.

Oui, toujours en votre présence.

BERNADILLE.

Vous n'êtes qu'un mauvais plaisant !

REPRISE DE L'ENSEMBLE.

BERNADILLE (en colère).

Eh ! tout doux, mon jeune maître,
Etc.

JULIA (riant).

Par la porte ou la fenêtre.
Etc.

JULIA (riant).

Là, là, ne vous fâchez pas, je plaisantais... et si je vous gêne le moins du monde, qu'à cela ne tienne, je sais, tout près d'ici, un puissant personnage chez qui je suis certain d'être bien reçu.

BERNADILLE.

Un personnage? qui loge...

JULIA.

Au palais.

BERNADILLE (sautant).

Hein! le premier ministre?

JULIA.

Ah! mieux que cela!

BERNADILLE (de même).

Le Roi?

JULIA.

Moins.

BERNADILLE.

L'Infant d'Espagne, alors?

JULIA.

Lui-même.

BERNADILLE (vivement).

Vous connaissez l'Infant?

JULIA.

Et sa très gracieuse épouse: Doña Isabelle, qui, dans des circonstances difficiles, a bien voulu m'honorer de sa protection et de son amitié.

BERNADILLE (joyeux).

Vraiment! Oh! ce cher cousin, ce cher Fabio...

Mais vous savez que je vous suis tout acquis. Je vais envoyer à l'instant quérir vos bagages à votre hôtellerie, car j'entends que vous logiez chez moi.

JULIA.

Inutile... Je vous gênerais.

BERNADILLE.

Nullement.

JULIA.

A la veille de vous marier?

BERNADILLE.

Qu'importe! Ce cher Fabio... (Revenant.) Ah! à propos j'aurai un petit service à vous demander.

JULIA.

Parlez.

BERNADILLE.

La place de juge est vacante, et je voudrais l'obtenir.

JULIA (à elle-même).

Tiens!... c'est une idée.

BERNADILLE.

Une bonne idée, une excellente idée. C'est mon futur beau-père qui y a pensé. Il a du crédit, moi, de l'argent, et si vous vouliez dire un mot en ma faveur à l'Infant, je serais sûr de mon affaire.

JULIA (absorbée, à elle-même).

Oui, pourquoi pas?

BERNADILLE.

C'est une fonction qui pose un homme! (S'oubliant.) Et

puis, vous comprenez, cousin, si quelqu'un venait me demander compte de la disparition de ma femme...

JULIA (feignant de ne pas avoir entendu).

Vous dites ? La disparition de qui ?... de qui ?...

BERNADILLE (très troublé et balbutiant).

La disparition... de... de... l'ancien juge, qui jugeait... parce que... pour rendre la justice... il faut des juges qui jugent.

JULIA.

Je vais au Palais de ce pas. Ah ! avez-vous des titres ?

BERNADILLE.

Des titres ? J'en ai haut comme ça ! Attendez-moi là, un instant, et je vais vous les apporter.

JULIA.

Faites vite !

BERNADILLE (rentrant dans sa maison).

Le temps de les mettre en ordre et je reviens. (Il sort.)

SCÈNE VIII

JULIA (seule), puis OTTAVIO.

JULIA (seule).

C'est lui-même qui me donne le moyen que je cherchais. Maintenant, je crois qu'il ne m'échappera pas !

OTTAVIO (entrant et l'arrêtant).

Pardon, seigneur licencié, j'aurais deux mots à vous dire.

JULIA.

Je vous écoute, seigneur cavalier.

OTTAVIO.

Que vous vous soyez épris, à première vue, de la señora Inès, il n'y a rien d'étonnant à cela, mais que vous ayez osé le lui dire en ma présence, cela passe permission et vous trouverez tout naturel, seigneur Fabio, que je vienne vous en demander raison.

JULIA (étonnée).

A moi !

OTTAVIO.

A vous.

JULIA (à part).

Diable ! (Haut). Mais il me semble que si quelqu'un a le droit d'être offensé, c'est maître Bernadille et non pas vous.

OTTAVIO.

Vous refusez alors de croiser l'épée en l'honneur de la Señora ?

JULIA.

Pas précisément. Cependant, je vous ferai remarquer qu'on ne se bat pas avec les gens de robe. Et puis, je serais désolé, moi, de vous donner un coup d'épée, car j'ai beaucoup d'estime et d'amitié pour vous.

OTTAVIO (étonné).

Pour moi ?

JULIA.

Pour vous. Et si vous saviez qui je suis, au lieu de tomber en garde, vous tomberiez à mes pieds.

OTTAVIO.

Je ne vous comprends pas.

JULIA.

C'est bien simple, cependant. Là où vous croyez voir un rival, il y a, au contraire, un allié. Je vous jure, sur l'honneur, que personne plus que moi n'est intéressé à empêcher le mariage de maître Bernadille avec la señora Inès.

OTTAVIO.

Serait-il vrai ?

JULIA.

Et j'espère bien, qu'avant ce soir, ce mariage sera rompu. Inès sera libre alors, et c'est vous qui l'épouserez.

OTTAVIO.

Est-il possible !

JULIA.

Foi de licencié.

OTTAVIO (se jetant dans ses bras, avec joie).

Ah ! cher ami ! excellent ami !

JULIA (cherchant à se dégager.)

Eh ! là... doucement... doucement.

DUO.

OTTAVIO.

Cher ami, permettez, de grâce,
Que je vous presse dans mes bras ?

JULIA (à part).

Voici bien un autre embarras !

OTTAVIO.

Permettez que je vous embrasse
Ou bien je ne vous croirai pas!

JULIA (se défendant).

Non pas, non pas!

OTTAVIO.

Quoi, votre amitié se dérobe.

JULIA.

On n'embrasse jamais, Señor, les gens de robe...

OTTAVIO.

Encore!... Ah! je ne vous crois pas!

ENSEMBLE.

OTTAVIO.

Un tel doute n'a rien qui blesse
Il faut sceller votre promesse.
Ce n'est pas assez d'un serment.
Pour me prouver qu'il est sincère,
J'exige qu'un baiser de frère
Scelle ici votre engagement.

JULIA.

Vraiment un tel doute me blesse;
N'est-donc rien que ma promesse?
N'est-ce rien encor qu'un serment.
Quand mon cœur est vraiment sincère,
Un baiser n'est pas nécessaire
Pour sceller mon engagement.

JULIA.

Vous croyez donc alors que de vous je me joue,
Mais je signerais de mon sang!

OTTAVIO.

Signez donc plutôt sur ma joue
Par un baiser loyal et franc?

JULIA.

Si votre espérance est trompée,
Il sera toujours temps de tirer votre épée.

OTTAVIO.

Eh mais, pourquoi tant de façons
Entre braves garçons?

JULIA (à part).

Allons, il ne faut pas éveiller ses soupçons.
(Elle l'embrasse, après des hésitations comiques, et très timidement).

OTTAVIO.

On dirait que votre main tremble...
Ce baiser-là, vraiment, ressemble
Assez au baiser de Judas.

JULIA (à part).

Dam, moi je n'ose pas.

OTTAVIO.

Franchement, carrément!... une bonne accolade!
En camarade,
En vrais amis,
Ainsi, tenez!
(Il l'embrasse vigoureusement).
A vous?

JULIA (étourdie).

A moi?... Ma foi tant pis!

(Elle l'embrasse à son tour.)

ENSEMBLE.

(En se tenant par la main).

JULIA.

Dans ce gage
Ayez foi,
Il m'engage
Malgré moi.
Plus de crainte.
De soupçons,
Et sans feinte
Pactisons!
Point d'envie,
De remord,
A la vie,
A la mort!

OTTAVIO.

Oui, ce gage
Où j'ai foi,
Vous engage
Envers moi.
Plus de crainte,
De soupçons,
Et sans feinte
Pactisons!
Sans envie,
Ni remord.
A la vie,
A la mort!

JULIA (vivement).

Écoutez maintenant : il n'y a pas un moment à perdre, et je cours chez l'Infant m'occuper de vous..... et de moi. (Se ravisant.) Ah!... si maître Bernadille revient, vous lui direz que j'ai perdu patience, et que je me suis rendu au Palais. A bientôt! Et comptez sur moi.

(Elle sort vivement).

SCÈNE IX

OTTAVIO (seul), puis BERNADILLE

OTTAVIO (répondant à Julia).

Merci! (A lui-même.) Eh! bien, décidément je l'avais mal jugé. C'est un charmant garçon que ce jeune Fabio.

BERNADILLE (sortant de la maison avec un dossier et le mettant sur les bras d'Ottavio).

Tenez, les voici, mes titres. Hein?... Comment c'est vous, séñor Ottavio? Eh! bien? Et mon cousin, où est-il passé?

OTTAVIO.

Il me quitte à l'instant pour se rendre au Palais. Il n'avait pas, dit-il, le temps de vous attendre.

BERNADILLE.

Ah! oui... la concurrence! Ah! séñor Ottavio si j'osais vous demander un service.....

OTTAVIO.

Parlez?

BERNADILLE.

Rejoignez-le et remettez-lui de ma part, ces papiers de famille. C'est très important.

OTTAVIO.

Je n'ai rien à vous refuser, Señor.

BERNADILLE.

Alors, vite! faites vite!

OTTAVIO.

J'y cours. (Il sort par le fond.)

SCÈNE X

BERNADILLE (seul, joyeux).

Ce cher cousin! Quel empressement! Quel zèle! Oh! il réussira! Je suis nommé... ou c'est tout comme.

AIR.

Ah! quel honneur!
Ah! quel bonheur!
Je vais être un grand personnage;
Manants, bourgeois,
Vont, à ma voix
Accourir pour me rendre hommage!
C'est moi qui mettrai le holà!
On me devra l'obéissance,
J'aurai, seul, la toute-puissance!...
(Se mettant à danser.)
Tra la la la la la la!

On craint toujours un homme habile,
Et pour la vie, ici,
Me voilà désormais tranquille.
Ni remords, ni souci.
Un beau jour, et si, par surprise,
Quelqu'ennemi, quelqu'insensé,
Pour se venger de moi, s'avise
De m'attaquer sur le passé...
Aucun danger, aucune crainte;
J'accueille bien sa plainte,
Et sans lui donner de raison,
Je le fais jeter en prison!

Ah! quel honneur!
Ah! quel bonheur!
Etc.

SCÈNE XI

JULIA, BERNADILLE

JULIA (s'arrêtant au fond, et riant en voyant danser Bernadille).

A la bonne heure!

BERNADILLE (l'apercevant et courant à elle).

Eh! bien? quelles nouvelles?

JULIA.

Excellentes!

BERNADILLE (vivement).

Vous avez vu l'Infant? Vous lui avez parlé?

JULIA.

Je l'ai vu, je lui ai parlé.

BERNADILLE.

Et cette place?

JULIA.

Il me la donne.

BERNADILLE.

Ah! cher ami! que de reconnaissance!

JULIA.

Mais il y met une condition.

BERNADILLE (inquiet).

Hein? une condition? Et laquelle?

JULIA.

C'est que je l'exercerai moi-même.

BERNADILLE (en colère).

Plaît-il, vous? Comment, vous? Mais alors, je suis joué! Voilà donc ce que signifiaient vos protestations d'amitié, de dévouement? Ah! petit drôle! Ah! coquin!

JULIA.

Tout beau! séñor Bernadille, il n'y a ici d'autre coquin que vous.

BERNADILLE (furieux).

Ah! fripon! ah! double traître!

JULIA.

Il n'y a, ici, d'autre traître que vous; vous qui êtes accusé d'avoir fait disparaître votre femme.

BERNADILLE (se calmant).

Ciel! moi?

JULIA.

L'Infant sait tout ; il m'a tout appris !

BERNADILLE (troublé et tremblant).

Ah ! c'est l'Infant... qui... mais... mais...

JULIA (l'interrompant).

Votre femme était ma cousine. C'est à moi d'éclaircir ce mystère et de venger l'infortunée Julia si vous êtes coupable. Señor Bernadille, préparez-vous à comparaître devant votre juge.

BERNADILLE

Jamais ! c'est une calomnie ! Laissez-moi ! (Il veut se sauver).

JULIA (le retenant).

Vous ne m'échapperez pas ! On n'échappe pas à la Justice. L'Infant a donné l'ordre de vous arrêter.

BERNADILLE.

Miséricorde ! (Criant.) Je veux m'en aller ! je veux m'en aller !

SCÈNE XII

LES MÊMES, HOMMES ET FEMMES DU PEUPLE, INÈS FRASQUITA, OTTAVIO, puis les ALGUAZILS.

FINAL.

LE PEUPLE.

D'où vient ce bruit, ce tapage ?

JULIA (retenant Bernadille).

Qu'on le saisisse au passage.
Accourez tous?

BERNADILLE.

Laissez-moi ! Livrez-moi passage.
Laissez-moi tous?

INÈS (entrant).

Señor Bernadille, est-ce vous?

FRASQUITA (sortant de la maison).

Eh! quoi, mon maître, c'est donc vous?

ENSEMBLE.

CHOEUR GÉNÉRAL.

Pourquoi ces cris et ce scandale
Qui vient donc nous troubler ainsi?
Qui donc outrage la morale,
Et que se passe-t-il ici?
Malgré lui, voyez, on arrête
Bernadille, qui comme un fou.
Veut courir, et sans savoir où.
Il a perdu la tête.
Il est fou!

JULIA.

Il a commis un crime infâme.

TOUS.

Un crime infâme!

JULIA.

Il a fait disparaître et fait périr sa femme!

TOUS.

Sa femme!

LES ALGUAZILS (entrant).

Ordre de Monseigneur l'Infant,
Nous venons chercher dans la ville
Un certain Seigneur Bernadille
Pour l'emprisonner à l'instant!

BERNADILLE (criant).

Ce n'est pas moi!

TOUS (le montrant).

C'est celui-ci.
Il est ici.
Le voici.

LES ALGUAZILS (l'arrêtant).

Suivez-nous, pas de résistance.
En prison.

BERNADILLE

Je suis innocent!

JULIA.

Nous le saurons à l'audience
Mais il faut les suivre à l'instant.

CHŒUR GÉNÉRAL.

LES HOMMES.

Le crime n'est pas pendable...
Peut-être a-t-il eu raison.
Cependant s'il est coupable,
En prison !

LES FEMMES.

C'est un cas vraiment pendable.
Sans excuse et sans raison.
Que l'on mène le coupable
En prison !

BERNADILLE (criant).

Trahison !

TOUS.

En prison !

(Les Alguazils emmènent Bernadille).

ACTE DEUXIÈME

(Une salle du Palais. — Porte principale au fond, portes latérales. Au milieu de la salle, une table et trois sièges : un fauteuil au milieu, et une chaise de chaque côté pour le juge et ses deux assesseurs. On a placé également, de profil avec la table qui fait face au public, un banc de bois destiné à l'accusé. Une barrière, au fond, sépare le public du tribunal et est gardée par des factionnaires).

SCÈNE PREMIÈRE

HOMMES et FEMMES DU PEUPLE (accourant et garnissant les côtés, et le fond de la salle).

CHŒUR.

Dans la foule qui se masse
Afin d'être juste en face
Au premier rang prenons place
Pour bien entendre et bien voir.
C'est une belle séance
Que nous aurons là, je pense,
Car on va, la bonne chance,
Juger un crime bien noir !

(Un groupe de commères à un autre groupe).

Il a fait périr sa femme !
Dit-on, sans en avoir l'air.
Car on prétend que l'infâme
L'aurait jetée à la mer.

DEUXIÈME GROUPE.

Pourtant il était très tendre
Et semblait l'aimer beaucoup.

PREMIER GROUPE.

C'était pour mieux la surprendre
Et dissimuler le coup.

LE CHOEUR.

Chapeaux bas, et faisons silence
Voici le juge qui s'avance :
Sur son front la sévérité
S'allie avec la majesté !

SCÈNE II

LE PEUPLE. LE CORTÈGE qui précède et suit JULIA (Elle porte une robe de juge et une toque bordées d'hermine, puis BERNADILLE).

MARCHE.

JULIA prend place sur le fauteuil au milieu. — Les assesseurs à ses côtés. — Sur l'air de marche, JULIA, quand elle est placée, dit :

JULIA (parlé).

Qu'on amène l'accusé.

La marche ne se termine qu'au moment où les alguazils ayant amené Bernadille, l'ont fait asseoir sur le banc).

LE CHOEUR (après la marche, et à demi-voix).

C'est lui! sans peine on le devine...
La tête basse, en proie au remords, au souci.
Comme il a bien la mine
D'un homme dès longtemps dans le crime endurci?

JULIA (qui a compulsé des papiers).

Accusé, levez-vous?
(Bernadille se lève vivement.)
Votre nom?

BERNADILLE.

Bernadille.
Je suis très connu dans la ville.

JULIA

Votre profession?

BERNADILLE.

Rentier.

LE CHOEUR.

Il est rentier!
Quel bon métier, quel bon métier!

JULIA (à Bernadille).

Jurez-vous, sur votre âme
De dire, devant nous, toute la vérité?

BERNADILLE.

Je jure de répondre avec sincérité.

JULIA.

Sur votre âme ?

BERNADILLE.

Sur mon âme

(A part). *Ce n'est qu'une formalité.*

JULIA.

Répondez donc. Vous aviez une femme ?

BERNADILLE.

J'avais une femme, en effet.

JULIA.

Accusé, qu'en avez-vous fait ?

BERNADILLE.

Elle est morte.

JULIA.

Morte ?

BERNADILLE (affirmatif).

Elle est morte.

JULIA.

Il y va de votre salut,
Ne mentez pas !... De quelle sorte ?

BERNADILLE.

En rendant, comme on dit, le peu d'esprit qu'elle eût.

JULIA (sévèrement).

N'insultez pas à sa mémoire
Et pour détourner le soupçon
Ne me brodez pas quelque histoire
De votre façon.

BERNADILLE.

Je respecte fort sa mémoire
Et ne veux, d'aucune façon,
Vous détourner par quelque histoire
De votre soupçon.

JULIA.

On assure pourtant qu'ayant juré sa perte
Par une indigne trahison
Vous l'avez dans une île entièrement déserte
Abondonnée... et sans raison ?

BERNADILLE (s'oubliant et criant).

J'en avais une, pardon !

JULIA.

Ah ! Ah ! vous avouez donc ?

BERNADILLE.

Je n'ai rien dit, non, non, non !

JULIA.

L'aveu, pour nous, est fort bon ?
Eh ! bien donc, cette raison ?

LE CHOEUR.

La raison ? La raison ?

BERNADILLE.

Elle était coquette.
Et pour faire emplette
De quelque toilette.
Malgré mes efforts.
Ses mains jamais vides.
Changeaient, trop avides.
En pleines arides
Tous mes coffres-forts!

JULIA.

Belle raison, certe
Pour déposer sa femme en une île déserte?
Si les maris avaient droit
D'agir de cette manière,
Votre île serait l'endroit
Le plus peuplé de la terre!

LE CHOEUR.

Si les maris avaient droit
D'agir de cette manière.
Cette île serait l'endroit
Le plus peuplé de la terre.

JULIA.

Cherchez autre chose
Ou moi.
J'applique, et pour cause,
La loi!

BERNADILLE.

Elle était bavarde
Bruyante et criarde!
Quoi qu'on fût en garde
Contre son caquet:
Tout ce babillage
Et tout ce tapage
Me mettait en rage
Et me suffoquait!

JULIA.

Belle raison, certe,
Pour déposer sa femme en une île déserte!
Si les maris avaient droit
D'agir de cette manière,
Votre île serait l'endroit
Le plus peuplé de la terre!

CHOEUR.

Si les maris avaient droit
Etc., etc.

JULIA.

Vous n'avez pas d'autre raison
Qui puisse excuser votre crime,
Et la perfide trahison
Dont votre femme fut victime?

BERNADILLE (après avoir hésité).

Non!

JULIA.

Non ?

(Se levant).

Procès, sans conteste.
Perdu !

(Montrant Bernadille).

Au nom du Digeste
Pendu !

LE CHOEUR.

Procès sans conteste
Perdu !
Au nom du Digeste
Pendu !

BERNADILLE (criant).

Ah ! Seigneur juge, j'en appelle !
J'avais une raison bien plus grave...

JULIA.

Et laquelle ?

BERNADILLE.

Bon gré, mal gré,
Puisqu'il le faut, je la dirai.
Mais je ne veux la dire
Qu'à vous seul, à vous seul !...

JULIA.

A moi ?
Il suffit ! Au nom de la loi,
Que tout le monde se retire.

LE CHŒUR

Il faut partir, ah ! quel dommage !
Nous aurions bien voulu, vraiment,
En entendre encor davantage,
Et l'on nous renvoie au moment
Où ça devient intéressant !

JULIA (avec autorité).

Silence ! c'est assez !
Partez ! Obéissez !

LE CHŒUR.

Ah ! quel dommage !

(Tout le monde sort sur la reprise, à l'Orchestre, du motif) :

Procès sans conteste, perdu !

(Les Alguazils enlèvent la table, les sièges et le banc).

SCÈNE III

BERNADILLE, JULIA.

JULIA.

Je vous écoute. Songez qu'un mensonge vous perd sans retour, et que la vérité, seule, peut vous sauver.

BERNADILLE.

Eh ! bien, mon cousin...

JULIA (l'interrompant).

Appelez-moi : seigneur juge.

BERNADILLE.

Eh! bien, seigneur juge, mon cousin... (Inquiet et s'interrompant.) Vous êtes sûr que personne ne peut nous entendre ?

JULIA.

Personne ! Parlez sans crainte.

BERNADILLE.

Eh bien ! seigneur juge, puisqu'il faut tout avouer, la vérité c'est que ma femme me trompait, c'est qu'elle m'a indignement trahi.

JULIA (avec force).

Elle ! C'est faux ! Je connaissais ma cousine ; elle était incapable de manquer à ses devoirs.

BERNADILLE.

Oui... vous croyez ?

JULIA.

Je ne crois pas, j'en suis sûr !

BERNADILLE.

Alors vous le savez mieux que moi ?

JULIA.

Oui !

BERNADILLE.

Oui ! Ah ! elle est forte, celle-là !

JULIA.

Prouvez ce que vous avancez.

BERNADILLE.

Mais puisque je vous le dis !

JULIA.

La belle raison ! Encore une fois : où sont vos preuves ? où sont vos témoins ?

BERNADILLE.

J'en ai un.

JULIA.

Son nom ?

BERNADILLE.

Frasquita.

JULIA (étonnée, à part).

Frasquita !

BERNADILLE.

C'est ma servante.

JULIA.

Frasquita, dites-vous ? C'est bien. Je vais donner l'ordre qu'on l'amène. (Elle va parler à deux alguazils, qui sortent par le fond. Revenant.) Si vous nous avez dit vrai, et si vous nous prouvez que votre femme a été coupable, nous vous renverrons absous ; mais si vous l'avez calomniée, si Doña Julia était innocente, nous confirmerons notre première sentence, et sans appel, cette fois, vous serez pendu. (Elle sort par la droite.)

SCÈNE IV

BERNADILLE (seul).

(A Julia.) J'avais bien compris. Il est inutile de répéter ces choses-là ! (A lui-même.) Moi qui avais si bien pris mes mesures pour que tout fût enseveli dans le plus profond mystère ! La fierté castillane ! Et il faut maintenant que je prouve mon déshonneur ? Il faut que je publie ma honte ! Et si je ne le fais pas... « Au nom du Digeste, pendu ! » Quelle perplexité ! D'un côté, le ridicule... de l'autre la potence. Oh ! il n'y a pas à hésiter.

COUPLETS.

I

En vain tu me livres bataille,
Rigoureux et cher point d'honneur.
Il faut que nous rompions la paille,
Car le gibet me fait trop peur !
Entre l'une ou l'autre disgrâce,
Il faut choisir, c'est entendu...
J'aime mieux faire une grimace
De sot mari que de pendu !

II

En vain quand le danger me presse,
L'honneur me crie, à haute voix :
« Au lieu de te tromper sans cesse
On ne te pendra qu'une fois. »

Entre l'une ou l'autre disgrâce.
Il faut choisir; c'est entendu,
J'aime mieux faire une grimace
De sot mari que de pendu !

Si, cependant, Doña Julia était innocente? Voilà qu'il me vient des doutes, à présent ! Non, non, j'ai vu clair, et Frasquita ne me démentira pas. Elle parlera, et je serai sauvé !

SCÈNE V

FRASQUITA, BERNADILLE, puis JULIA (venant par la droite).

FRASQUITA (amenée par les alguazils).

Vous voulez me parler, mon maître, me voici ; qu'y a-t-il pour votre service ?

BERNADILLE (vivement).

Ah ! Frasquita, écoute ; ma vie dépend de toi !

FRASQUITA (étonnée).

De moi, Señor ?

BERNADILLE.

Oui, tu n'as qu'un mot à dire pour me sauver de la corde ! Tu le diras, n'est-ce pas ?

FRASQUITA.

Mais sans doute. (Entre Julia.)

BERNADILLE (la montrant).

Devant le seigneur juge que voici?

FRASQUITA.

Devant lui, certainement.

BERNADILLE (joyeux).

Ah! Eh bien! parle, dis tout ce que tu sais?

FRASQUITA.

Moi, mais je ne sais rien!

BERNADILLE.

Tu ne sais rien? Comment, tu ne sais pas que ma femme m'a trompé, toi, sa complice?

FRASQUITA.

Trompé! Doña Julia! Ah! par exemple, en voici la première nouvelle.

BERNADILLE (se contenant).

Voyons, voyons, ma petite Frasquita, je t'en prie: Rappelle bien tes souvenirs? Ton pauvre maître... tu veux donc le faire pendre; toi aussi? Tu l'aimes un peu, ton pauvre maître? Voyons, Frasquita, je t'en prie?

FRASQUITA.

Mais, Séñor, je ne puis pas cependant dire un mensonge.

BERNADILLE.

Ça ne fait rien!

JULIA (sévèrement).

Accusé, prenez garde! N'aggravez pas votre situation en cherchant à corrompre un témoin!

FRASQUITA.

Doña Julia était la plus vertueuse femme du monde!

BERNADILLE.

Mais tais-toi donc?

FRASQUITA.

Si quelqu'un connaissait Doña Julia, je puis dire que c'est moi, et jamais, au grand jamais...

BERNAVILLE (l'interrompant).

Jamais, dis-tu? Eh bien, puisque tes souvenirs te font défaut, je vais te rafraîchir la mémoire. Te souviens-tu, il y a deux ans, de la nuit du 23 août?

FRASQUITA (cherchant).

La nuit du 23 août? Il y a deux ans?

BERNADILLE.

Oui. On me croyait absent, mais je suis revenu, et je me suis caché. Je t'ai vu traverser le jardin accompagnant un cavalier enveloppé d'un manteau, et que tu faisais évader par la petite porte pendant que la lumière brillait dans la chambre de ta maîtresse.

FRASQUITA (troublée, se souvenant).

Ah! Dieu!

BERNADILLE.

Ah! (A Julia). Elle se trouble? Vous voyez, seigneur juge, elle se trouble!

FRASQUITA.

Comment, Séñor, vous m'avez vue?

BERNADILLE (triomphant).

Comme je te vois en ce moment. Ah! Ah! tu avoues donc enfin!

FRASQUITA.

Vous saviez tout, alors?

BERNADILLE

Je savais tout!

FRASQUITA.

Et vous ne m'avez pas renvoyée? Et vous m'avez gardée tout de même?

BERNADILLE.

Oui, je t'ai gardée tout de... (s'interrompant). Comment? Que veux-tu dire?

FRASQUITA (pleurant).

Eh! bien oui, Séñor, c'était Mendoce?

JULIA (étonnée).

Mendoce?

BERNADILLE (étonné).

Mendoce?

FRASQUITA.

L'alguazil. Il m'avait promis le mariage... et je laissais la porte du jardin ouverte pour que, de temps en temps, il put venir causer un peu. Mais, hélas, il est parti pour les îles... et tenez, le lendemain, justement de la nuit ou vous nous avez surpris, et depuis je ne l'ai pas revu !

BERNADILLE (avec éclat).

Alors il venait pour toi ?

FRASQUITA.

Mais oui, Séñor.

BERNADILLE.

Ce cavalier, enveloppé d'un manteau, sous lequel passait une rapière...

FRASQUITA.

Dam... un alguazil.

JULIA (affirmativement et riant).

Mendoce.

BERNADILLE (accablé).

Ainsi, ma pauvre femme... ma chère Julia.

FRASQUITA.

Était la vertu même.

BERNADILLE.

Ah ! stupide aveuglement ! maudite jalousie.

FINAL.

BERNADILLE (avec colère).

O désespoir ! Douleur extrême!
Non, désormais, je ne veux pas
Survivre à son trépas,
Qu'on me pende à l'instant, ou je me pends moi-même !

JULIA (riant).

Là là... point de courroux

FRASQUITA.

Mon maître, calmez-vous !

SCÈNE VI

LES MÊMES, INÈS, OTTAVIO (puis les hommes et les femmes du peuple).

OTTAVIO (montrant Julia à Inès).

Señora, le voici, tenez, à cette place,
Approchez?

INÈS (à Julia).

Ah! Seigneur, accordez-moi la grâce
De Bernadille notre ami?

OTTAVIO, et INÈS (ensemble).

Nous demandons grâce pour lui?

JULIA.

Que l'accusé, d'abord s'engage
A renoncer à votre main?

BERNADILLE.

Ah! le chagrin m'a rendu sage
Et je renonce à tout hymen!

JULIA.

Cette docilité mérite récompense.
J'abandonne la pendaison,
Et j'abaisse la peine, en cette circonstance,
A cinq ou six mois de prison.

INÈS et OTTAVIO (ensemble).

O juge trop sévère
La grâce tout entière?

BERNADILLE.

Non, non, n'insistez pas,
Car je mérite le trépas!

CAVATINE

(A Julia) *O mon juge,*
Mon bon juge,
Punissez-moi pour la moralité,
Punissez-moi, car je l'ai mérité.
La prison, voilà mon refuge,
O mon juge,
Mon bon juge!

Jamais je n'expierai par trop de sacrifice
Envers ma Julia ma cruelle injustice,
Et je veux, en prison, pour la fin de mes jours,
La regretter sans cesse et la pleurer toujours!

(Se mettant à genoux).

O mon juge,
Mon bon juge,
Punissez-moi pour la moralité,
Punissez-moi, car je l'ai mérité.
La prison, voilà mon refuge!
O mon juge,
Mon bon juge!

JULIA.

Relève-toi ? — Tu l'aimais donc?

BERNADILLE.

Hélas!
Aurai-je été jaloux si je ne l'aimais pas?
Et l'aurai-je crue infidèle
Si je n'eusse été jaloux d'elle ?

JULIA.

(Otant sa toque, écartant sa robe de juge et se montrant sous son costume de femme. — Scène quatrième du premier Acte).

Eh! bien, ouvre-lui donc tes bras?

BERNADILLE (La reconnaissant et l'attirant à lui, avec un cri).

Ah!
Julia!

LE CHŒUR.

Admirable sentence!
Bienheureux jugement,
Qui fait le bonheur d'un amant
Et qui, chez deux époux, ramène la constance.

7-85 2228. — Paris. Typ. Morris père et fils, rue Amelot, 64.

MORRIS PÈRE & FILS IMPRIMEURS

www.ingramcontent.com/pod-product-compliance
Lightning Source LLC
LaVergne TN
LVHW050428160826
845677LV00002BA/597

* 9 7 8 2 3 2 9 6 8 8 4 1 1 *